Europäische Kommission

Verordnung (EU) Nr. 317/2013 der Kommission vom 8. April 2013

zur Änderung der Anhänge der Verordnungen (EG) Nr. 1983/2003, (EG) Nr. 1738/2005, (EG) Nr. 698/2006, (EG) Nr. 377/2008 und (EU) Nr. 823/2010 in Bezug auf die Internationale [...]

AP

Antiphon Verlag

Europäische Kommission

Verordnung (EU) Nr. 317/2013 der Kommission vom 8. April 2013

zur Änderung der Anhänge der Verordnungen (EG) Nr. 1983/2003, (EG) Nr. 1738/2005, (EG) Nr. 698/2006, (EG) Nr. 377/2008 und (EU) Nr. 823/2010 in Bezug auf die Internationale [...]

1. Auflage 2026 | ISBN: 978-3-38798-689-1

Antiphon Verlag ist ein Imprint der Antiquum Novum Verlag.

Verlag: Antiquum Novum Verlag UG (haftungsbeschränkt), Im Erlengrund 6a, 35510 Butzbach, Deutschland, info@antiquum-novum.de
Vertretungsberechtigt: E. Roepke, Zeilweg 44, 60439 Frankfurt, Deutschland
Druck: Libri Plureos GmbH, Friedensallee 273, 22763 Hamburg, Deutschland

II

(Rechtsakte ohne Gesetzescharakter)

VERORDNUNGEN

VERORDNUNG (EU) Nr. 317/2013 DER KOMMISSION

vom 8. April 2013

zur Änderung der Anhänge der Verordnungen (EG) Nr. 1983/2003, (EG) Nr. 1738/2005, (EG) Nr. 698/2006, (EG) Nr. 377/2008 und (EU) Nr. 823/2010 in Bezug auf die Internationale Standardklassifikation für das Bildungswesen

(Text von Bedeutung für den EWR)

DIE EUROPÄISCHE KOMMISSION —

gestützt auf den Vertrag über die Arbeitsweise der Europäischen Union,

gestützt auf die Verordnung (EG) Nr. 1177/2003 des Europäischen Parlaments und des Rates vom 16. Juni 2003 für die Gemeinschaftsstatistik über Einkommen und Lebensbedingungen (EU-SILC) [1], insbesondere auf Artikel 15,

gestützt auf die Verordnung (EG) Nr. 530/1999 des Rates vom 9. März 1999 zur Statistik über die Struktur der Verdienste und Arbeitskosten [2], insbesondere auf Artikel 11,

gestützt auf die Verordnung (EG) Nr. 577/98 des Rates vom 9. März 1998 zur Durchführung einer Stichprobenerhebung über Arbeitskräfte in der Gemeinschaft [3], insbesondere auf Artikel 4,

gestützt auf die Verordnung (EG) Nr. 452/2008 des Europäischen Parlaments und des Rates vom 23. April 2008 über die Erstellung und die Entwicklung von Statistiken über Bildung und lebenslanges Lernen [4], insbesondere auf Artikel 6 Absatz 1,

in Erwägung nachstehender Gründe:

(1) Die Einführung einer auf den neuesten Stand gebrachten Klassifikation ist von zentraler Bedeutung für die fortlaufenden Bemühungen der Kommission, die Sachdienlichkeit von europäischen Statistiken dauerhaft zu gewährleisten, indem den Entwicklungen und den Veränderungen im Bereich Bildung Rechnung getragen wird.

(2) Die Organisation der Vereinten Nationen für Erziehung, Wissenschaft und Kultur (Unesco) hat die bisher verwendete Fassung (ISCED 1997) der Internationalen Standardklassifikation für das Bildungswesen (ISCED) überarbeitet, um zu gewährleisten, dass sie mit den Entwicklungen der Politik und der Strukturen im Bildungs- und Ausbildungsbereich Schritt hält.

(3) Da Bildungsstatistiken auf internationaler Ebene miteinander vergleichbar sein müssen, sind von den Mitgliedstaaten und den Organen der Europäischen Union Bildungsklassifikationen zu verwenden, die mit der Internationalen Standardklassifikation für das Bildungswesen ISCED 2011 (im Folgenden ISCED 2011), wie sie von den Unesco-Mitgliedstaaten auf ihrer 36. Generalkonferenz im November 2011 angenommen wurde, übereinstimmen.

(4) Zur Erstellung einer überarbeiteten Internationalen Standardklassifikation für das Bildungswesen ist es notwendig, verschiedene Verweise auf die Klassifikationen ISCED, ISCED 97 und ISCED 1997 anzupassen und mehrere einschlägige Instrumente zu ändern.

(5) Daher müssen die nachstehenden Verordnungen entsprechend geändert werden: Verordnung (EG) Nr. 1983/2003 der Kommission vom 7. November 2003 zur Durchführung der Verordnung (EG) Nr. 1177/2003 des Europäischen Parlaments und des Rates für die Gemeinschaftsstatistik über Einkommen und Lebensbedingungen (EU-SILC) im Hinblick auf das Verzeichnis der primären Zielvariablen [5], Verordnung (EG) Nr. 1738/2005 der Kommission vom 21. Oktober 2005 zur Änderung der Verordnung (EG) Nr. 1916/2000 in Bezug auf Definition und Übermittlung von Informationen über die Verdienststruktur [6], Verordnung (EG) Nr. 698/2006 der Kommission vom 5. Mai 2006 zur Durchführung der Verordnung (EG) Nr. 530/1999 des Rates hinsichtlich der Qualitätsbewertung der Statistik über die Struktur der Arbeitskosten und der Verdienste [7], Verordnung (EG) Nr. 377/2008 der Kommission vom 25. April 2008 zur Durchführung der Verordnung (EG) Nr. 577/98 des Rates zur Durchführung einer Stichprobenerhebung über Arbeitskräfte in der Gemeinschaft im Hinblick auf die ab 2009 für die Datenübermittlung zu verwendende Kodierung, die Verwendung einer Teilstichprobe für die Datenerhebung zu Strukturvariablen und die Definition der Referenzquartale [8], Verordnung (EU) Nr. 823/2010 der Kommission vom

(1) ABl. L 165 vom 3.7.2003, S. 1.
(2) ABl. L 63 vom 12.3.1999, S. 10.
(3) ABl. L 77 vom 14.3.1998, S. 3.
(4) ABl. L 145 vom 4.6.2008, S. 227.
(5) ABl. L 298 vom 17.11.2003, S. 34.
(6) ABl. L 279 vom 22.10.2005, S. 32.
(7) ABl. L 121 vom 6.5.2006, S. 30.
(8) ABl. L 114 vom 26.4.2008, S. 57.

17. September 2010 zur Durchführung der Verordnung (EG) Nr. 452/2008 des Europäischen Parlaments und des Rates über die Erstellung und die Entwicklung von Statistiken über Bildung und lebenslanges Lernen im Hinblick auf Statistiken über die Beteiligung Erwachsener am lebenslangen Lernen ([1]).

(6) Die in dieser Verordnung vorgesehenen Maßnahmen stehen im Einklang mit der Stellungnahme des Ausschusses für das Europäische Statistische System —

HAT FOLGENDE VERORDNUNG ERLASSEN:

Artikel 1

Änderung der Verordnung (EG) Nr. 1983/2003

Fußnote 19 im Anhang der Verordnung (EG) Nr. 1983/2003 erhält folgende Fassung:

„ISCED 2011: Internationale Standardklassifikation für das Bildungswesen."

Artikel 2

Änderung der Verordnung (EG) Nr. 1738/2005

Die Verordnung (EG) Nr. 1738/2005 wird wie folgt geändert:

1. „ISCED 97" wird in den Anhängen stets durch „ISCED 2011" ersetzt.

2. In Anhang I erhält die Variable 2.5 folgende Fassung:

   „Bildungsabschluss (ISCED 2011)".

3. In Anhang II erhält die Variable 2.5 folgende Fassung:

   „Bildungsabschluss (ISCED 2011)

   Diese Variable betrifft den höchsten erreichten Bildungsabschluss des Arbeitnehmers nach der Internationalen Standardklassifikation für das Bildungswesen in der Fassung von 2011 (ISCED 2011). Der Ausdruck ‚höchster erreichter Bildungsabschluss' muss mit dem Erwerb eines Zeugnisses oder Diploms einhergehen, wenn die Ausstellung eines solchen Zeugnisses vorgesehen ist. Andernfalls ist der erfolgreiche Abschluss an die Teilnahme am Bildungsgang während der gesamten Dauer gebunden.

   Die Gruppen der zu verwendenden Codes werden in den Durchführungsmodalitäten der Verdienststrukturerhebung definiert."

Artikel 3

Änderung der Verordnung (EG) Nr. 698/2006

Die Verordnung (EG) Nr. 698/2006 wird wie folgt geändert:

Im Anhang wird in Abschnitt 2.1 unter 2 der Verweis auf „Bildungsniveau (ISCED 0 bis 6)" ersetzt durch „Bildungsabschluss (ISCED 2011, Stufe 0 bis 8)".

Artikel 4

Änderung der Verordnung (EG) Nr. 377/2008

Die Verordnung (EG) Nr. 377/2008 wird wie folgt geändert:

Anhang III wird entsprechend dem Anhang I der vorliegenden Verordnung geändert.

Artikel 5

Änderung der Verordnung (EU) Nr. 823/2010

Die Verordnung (EU) Nr. 823/2010 wird wie folgt geändert:

Die Anhänge I und II werden entsprechend dem Anhang II der vorliegenden Verordnung geändert.

Artikel 6

Diese Verordnung tritt am zwanzigsten Tag nach ihrer Veröffentlichung im *Amtsblatt der Europäischen Union* in Kraft.

Sie gilt ab dem Referenzjahr, das am 1. Januar 2014 beginnt.

Diese Verordnung ist in allen ihren Teilen verbindlich und gilt unmittelbar in jedem Mitgliedstaat.

Brüssel, den 8. April 2013

Für die Kommission

Der Präsident

José Manuel BARROSO

([1]) ABl. L 246 vom 18.9.2010, S. 33.

ANHANG I

Änderung der Verordnung (EG) Nr. 377/2008

1. In Anhang III erhalten die Anweisungen für die Codierung der Variablen „HATLEVEL“, „HATFIELD“ und „HATYEAR“ folgende Fassung:

Bezeichnung	Spalte	Periodizität	Code	Beschreibung	Filter/Bemerkungen
„HATLEVEL	197/199	VIERTEL-JÄHRLICH		*Bildungsabschluss* (1)	Alle Personen, die mindestens 15 Jahre alt sind
			000	Kein formaler Bildungsabschluss oder unter ISCED 1	
			100	ISCED 1	
			200	ISCED 2 (einschließlich ISCED-3-Bildungsprogramme mit einer Dauer von unter 2 Jahren)	
			302	ISCED-3-Bildungsprogramm mit einer Dauer von mindestens 2 Jahren, aufeinander folgend (d. h. Zugang nur zu nächstem ISCED-3-Bildungsgang)	
			303	ISCED-3-Bildungsprogramm mit einer Dauer von mindestens 2 Jahren, abschließend oder Zugang nur zu ISCED 4	
			304	ISCED 3 mit Zugang zu ISCED 5, 6 oder 7	
			300	ISCED-3-Bildungsprogramm mit einer Dauer von mindestens 2 Jahren, ohne Möglichkeit zur Unterscheidung des Zugangs zu anderen ISCED-Stufen	
			400	ISCED 4	
			500	ISCED 5	
			600	ISCED 6	
			700	ISCED 7	
			800	ISCED 8	
			999	Entfällt (Kind jünger als 15 Jahre)	
			Leerstelle	Ohne Angabe	
HATYEAR	200/203	JÄHRLICH		*Jahr, in dem diese Stufe erfolgreich abgeschlossen wurde*	HATLEVEL = 100-800
				Es wird das Jahr 4-stellig eingetragen, in dem der höchste Bildungsabschluss erworben wurde.	
			9999	Entfällt (HATLEVEL ≠ 100 bis 800)	
			Leerstelle	Ohne Angabe	

Bezeichnung	Spalte	Periodizität	Code	Beschreibung	Filter/Bemerkungen
HATVOC	204	VIERTEL-JÄHRLICH		*Ausrichtung dieser Stufe*	HATLEVEL = 300 bis 400 und
			1	Allgemeinbildend	(15 ≤ ALTER ≤ 34 oder
			2	Berufsbildend	(ALTER > 34 und REFYEAR — HATYEAR ≤ 15))
			9	Entfällt (HATLEVEL ≠ 300 bis 400 oder (ALTER > 34 und REFYEAR — HATYEAR) > 15	
			Leerstelle	Ohne Angabe	
HATFIELD	205/208	JÄHRLICH		*Fachrichtung dieser Stufe*	HATLEVEL = 300 bis 800 und
			0000-9998	*Stufe 1 der Klassifikation der Fachrichtungen* (2)	(15 ≤ ALTER ≤ 34 oder
			9999	Entfällt (HATLEVEL ≠ 300 bis 800 oder (ALTER > 34 und REFYEAR — HATYEAR) > 15	(ALTER > 34 und REFYEAR — HATYEAR ≤ 15))
			Leerstelle	Ohne Angabe	

(1) Höchster erreichter Bildungsabschluss gemäß ISCED-2011-Definition, Codierung auf der Basis der an Eurostat zu übermittelnden ISCED-Mappings.

(2) Oder Unterteilungen der Klassifikation der Fachrichtungen.“

2. In Anhang III erhalten die Variable „EDUCLEVL“ und die Anweisungen für die Codierung der Variable „EDUCLEVL“ folgende Fassung:

Bezeichnung	Spalte	Periodizität	Code	Beschreibung	Filter/Bemerkungen
„EDUCLEVL	209	VIERTEL-JÄHRLICH		*Grad dieses allgemeinen Bildungsgangs* (1)	EDUCSTAT = 1 oder 3
			1	ISCED 1	
			2	ISCED 2	
			3	ISCED 3	
			4	ISCED 4	
			5	ISCED 5	
			6	ISCED 6	
			7	ISCED 7	
			8	ISCED 8	
			9	Entfällt (EDUCSTAT ≠ 1 oder 3)	
			Leerstelle	Ohne Angabe	
EDUCVOC	210	VIERTEL-JÄHRLICH		*Ausrichtung dieses Bildungsgangs*	EDUCLEVL = 3 bis 4
			1	Allgemeinbildend	

Bezeichnung	Spalte	Periodizität	Code	Beschreibung	Filter/Bemerkungen
			2	Berufsbildend	
			9	Entfällt (EDUCLEVL ≠ 3 bis 4)	
			Leer-stelle	Ohne Angabe	

(1) Codierung auf der Basis der an Eurostat zu übermittelnden ISCED-Mappings.“

ANHANG II

Änderung der Verordnung (EU) Nr. 823/2010

1. In Anhang I erhalten die Anweisungen für die Codierung der Variablen „HATLEVEL“, „HATFIELD“, „HATYEAR“, „HATVOC“, „HATOTHER“, „HATOTHER_LEVEL“, „HATOTHER_VOC“, „HATOTHER_FIELD“, „HATCOMP“ und „HATCOMPHIGH“ folgende Fassung:

Bezeichnung der Variablen und Status	Code	Beschreibung	Filter
„HATLEVEL		**BILDUNGSABSCHLUSS** *(Höchster erreichter Bildungsabschluss gemäß ISCED-2011-Definition, Codierung auf der Basis der an Eurostat zu übermittelnden ISCED-Mappings)*	Alle
	000	Kein formaler Bildungsabschluss oder unter ISCED 1	
	100	ISCED 1	
	200	ISCED 2 (einschließlich ISCED-3-Bildungsprogramme mit einer Dauer von unter 2 Jahren)	
	302	ISCED-3-Bildungsprogramm mit einer Dauer von mindestens 2 Jahren, aufeinander folgend (d. h. Zugang nur zu nächstem ISCED-3-Bildungsgang)	
	303	ISCED-3-Bildungsprogramm mit einer Dauer von mindestens 2 Jahren, abschließend oder Zugang nur zu ISCED 4	
	304	ISCED 3 mit Zugang zu ISCED 5, 6 oder 7	
	300	ISCED-3-Bildungsprogramm mit einer Dauer von mindestens 2 Jahren, ohne Möglichkeit zur Unterscheidung des Zugangs zu anderen ISCED-Stufen	
	400	ISCED 4	
	500	ISCED 5	
	600	ISCED 6	
	700	ISCED 7	
	800	ISCED 8	
	- 1	*Keine Angabe*	
HATFIELD		**FACHRICHTUNG DES HÖCHSTEN ERREICHTEN BILDUNGSABSCHLUSSES**	HATLEVEL = 300 bis 800
	0000-9998	*Stufe 1 der Klassifikation der Fachrichtungen (1)* *(1) oder Unterteilungen der Klassifikation der Fachrichtungen; Einzelheiten enthält das in Artikel 6 genannte ‚Handbuch zur Erhebung über die Erwachsenenbildung‘*	
	- 1	*Keine Angabe*	
	- 2	*Entfällt (HATLEVEL ≠ 300 bis 800)*	
HATYEAR		**JAHR, IN DEM DER HÖCHSTE BILDUNGSABSCHLUSS ERREICHT WURDE**	HATLEVEL ≠ 000, -1
	4-stellig	*Es wird das Jahr 4-stellig eingetragen, in dem der höchste Bildungs- oder Ausbildungsabschluss erworben wurde.*	

Bezeichnung der Variablen und Status	Code	Beschreibung	Filter
	- 1	*Keine Angabe*	
	- 2	*Entfällt (HATLEVEL = 000, -1)*	
HATVOC		**AUSRICHTUNG DES HÖCHSTEN ERREICHTEN BILDUNGSABSCHLUSSES**	HATLEVEL = 300 bis 400 und (REFYEAR — HATYEAR) ≤ 20
	1	*Allgemeine Bildung*	
	2	*Berufliche Bildung*	
	- 1	*Keine Angabe*	
	- 2	*Entfällt (HATLEVEL ≠ 300 bis 400 oder (REFYEAR — HATYEAR) > 20*	
HATOTHER (fakultativ)		**SONSTIGE ABGESCHLOSSENE FORMALE AUSBILDUNG IN EINER ANDEREN FACHRICHTUNG ALS DEN UNTER ‚HATLEVEL' GENANNTEN FACHRICHTUNGEN**	HATLEVEL = 300 bis 800 und (REFYEAR — HATYEAR) ≤ 20
	1	*Ja*	
	2	*Nein*	
	- 1	*Keine Angabe*	
	- 2	*Entfällt (HATLEVEL ≠ 300 bis 800 oder (REFYEAR — HATYEAR) > 20*	
HATOTHER_LEVEL (fakultativ)		**Bereich des formalen Bildungsprogramms**	HATOTHER = 1
	300-800	*Codiert als HATLEVEL*	
	- 1	*Keine Angabe*	
	- 2	*Entfällt (HATOTHER ≠ 1)*	
HATOTHER_VOC (fakultativ)		**Ausrichtung des formalen Bildungsprogramms**	HATOTHER = 1 und HATOTHER_LEVEL = 300 bis 400
	1-2	*Codiert als HATVOC*	
	- 1	*Keine Angabe*	
	- 2	*Entfällt (HATOTHER ≠ 1 oder HATOTHER_LEVEL ≠ 300 bis 400)*	
HATOTHER_FIELD (fakultativ)		**Fachrichtung des formalen Bildungsprogramms**	HATOTHER = 1 und HATOTHER_LEVEL = 300 bis 800
	0000-9998	*Codiert als HATFIELD*	
	- 1	*Keine Angabe*	
	- 2	*Entfällt (HATOTHER ≠ 1 oder HATOTHER_LEVEL ≠ 300 bis 800)*	
HATCOMP (fakultativ)		**VERFAHREN DER ANERKENNUNG VON FÄHIGKEITEN UND KOMPETENZEN EINGELEITET**	Alle
	1	*Ja, Bescheinigung erhalten*	
	2	*Ja, Verfahren läuft*	
	3	*Nein*	
	- 1	*Keine Angabe*	

Bezeichnung der Variablen und Status	Code	Beschreibung	Filter
HATCOMPHIGH (fakultativ)		**ANERKENNUNG DER FÄHIGKEITEN UND KOMPETENZEN GESTATTET DEN ZUGANG zu einem formalen Bildungsprogramm auf höherem Niveau als der in ‚HATLEVEL‘ erwähnten Stufe**	HATCOMP = 1, 2 und HATLEVEL ≠ 000, -1
	1	*Ja*	
	2	*Nein*	
	- 1	*Keine Angabe*	
	- 2	*Entfällt (HATCOMP ≠ 1, 2 oder HATLEVEL = 000, -1)*“	

2. In Anhang I erhalten die Anweisungen für die Codierung der Variablen „DROPHIGH“, „DROPLEVEL“ und „DROPVOC“ folgende Fassung:

Bezeichnung der Variablen und Status	Code	Beschreibung	Filter
„**DROPHIGH**		**FORMALE Bildung auf höherem Niveau als der in ‚HATLEVEL‘ erwähnten Stufe, JEDOCH OHNE ABSCHLUSS**	HATLEVEL ≠ 000, -1 und (REFYEAR — HATYEAR) ≤ 20
	1	*Ja*	
	2	*Nein*	
	- 1	*Keine Angabe*	
	- 2	*Entfällt (HATLEVEL = 000, -1 oder (REFYEAR — HATYEAR) > 20)*	
DROPLEVEL		**Stufe der FORMALEN Bildung ohne Abschluss (gemäß ISCED-2011-Definition)**	DROPHIGH = 1
	200	ISCED 2 (einschließlich ISCED-3-Bildungsprogramme mit einer Dauer von unter 2 Jahren)	
	302	ISCED-3-Bildungsprogramm mit einer Dauer von mindestens 2 Jahren, aufeinander folgend (d. h. Zugang nur zu nächstem ISCED-3-Bildungsgang)	
	303	ISCED-3-Bildungsprogramm mit einer Dauer von mindestens 2 Jahren, abschließend oder Zugang nur zu ISCED 4	
	304	ISCED 3 mit Zugang zu ISCED 5, 6 oder 7	
	300	ISCED-3-Bildungsprogramm mit einer Dauer von mindestens 2 Jahren, ohne Möglichkeit zur Unterscheidung des Zugangs zu anderen ISCED-Stufen	
	400	ISCED 4	
	500	ISCED 5	
	600	ISCED 6	
	700	ISCED 7	
	800	ISCED 8	
	- 1	*Keine Angabe*	
	- 2	*Entfällt (DROPHIGH ≠ 1)*	

Bezeichnung der Variablen und Status	Code	Beschreibung	Filter
DROPVOC (fakultativ)		**Ausrichtung der nicht abgeschlossenen FORMALEN Bildung**	DROPLEVEL = 300 bis 400 und (REFYEAR — HATYEAR) ≤ 20
	1	*Allgemeine Bildung*	
	2	*Berufliche Bildung*	
	- 1	*Keine Angabe*	
	- 2	*Entfällt (DROPLEVEL ≠ 300 bis 400 oder (REFYEAR — HATYEAR) > 20"*	

3. In Anhang I erhalten die Anweisungen für die Codierung der Variablen „FEDLEVEL", „FEDFIELD" und „FEDVOC" folgende Fassung:

Bezeichnung der Variablen und Status	Code	Beschreibung	Filter
„FEDLEVEL		**Stufe der jüngsten Aktivität im Bereich der FORMALEN Bildung (gemäß ISCED-2011-Definition)**	FEDNUM ≥ 1
	100	ISCED 1	
	200	ISCED 2 (einschließlich ISCED-3-Bildungsprogramme mit einer Dauer von unter 2 Jahren)	
	302	ISCED-3-Bildungsprogramm mit einer Dauer von mindestens 2 Jahren, aufeinander folgend (d. h. Zugang nur zu nächstem ISCED-3-Bildungsgang)	
	303	ISCED-3-Bildungsprogramm mit einer Dauer von mindestens 2 Jahren, abschließend oder Zugang nur zu ISCED 4	
	304	ISCED 3 mit Zugang zu ISCED 5, 6 oder 7	
	300	ISCED-3-Bildungsprogramm mit einer Dauer von mindestens 2 Jahren, ohne Möglichkeit zur Unterscheidung des Zugangs zu anderen ISCED-Stufen	
	400	ISCED 4	
	500	ISCED 5	
	600	ISCED 6	
	700	ISCED 7	
	800	ISCED 8	
	-2	*Entfällt (FEDNUM = 0)*	
FEDFIELD		**Fachrichtung der jüngsten Aktivität im Bereich der formalen Bildung**	FEDNUM ≥ 1 und FEDLEVEL = 300 bis 800
	0000-9998	*Stufe 1 der Klassifikation der Fachrichtungen (1)* *(1) oder Unterteilungen der Klassifikation der Fachrichtungen; Einzelheiten enthält das in Artikel 6 genannte ‚Handbuch zur Erhebung über die Erwachsenenbildung'*	
	- 1	*Keine Angabe*	
	- 2	*Entfällt (FEDNUM = 0 oder FEDLEVEL ≠ 300 bis 800*	

Bezeichnung der Variablen und Status	Code	Beschreibung	Filter
FEDVOC		**Ausrichtung der jüngsten Aktivität im Bereich der FORMALEN Bildung**	FEDLEVEL = 300 bis 400
	1	*Allgemeine Bildung*	
	2	*Berufliche Bildung*	
	- 1	*Keine Angabe*	
	- 2	*Entfällt (FEDLEVEL ≠ 300 bis 400)“*	

4. In Anhang II („Stichprobe und Genauigkeitsanforderungen“) wird in Absatz 3 der Indikator „Beteiligung an nicht formaler allgemeiner und beruflicher Bildung (in %) — Personen mit höherem Bildungsabschluss (ISCED 5 bis 6)“ ersetzt durch „Beteiligung an nicht formaler allgemeiner und beruflicher Bildung (in %) — Personen mit höherem Bildungsabschluss (ISCED 5 bis 8)“.